Vente après décès de M. Léopold Massard

ARTISTE GRAVEUR
CHEVALIER DE LA LÉGION D'HONNEUR

CATALOGUE

DE GRAVURES

ANCIENNES ET MODERNES

DESSINS ET TABLEAUX
OEUVRES DE LÉOPOLD MASSARD

GRAVURES ENCADRÉES

Planches de cuivre gravées en cours de publication
AVEC ÉPREUVES EN NOMBRE
PLANCHES DE CUIVRE GRAVÉES NON PUBLIÉES
OBJETS D'ART, D'AMEUBLEMENT ET D'ATELIER

DONT LA VENTE AUX ENCHÈRES PUBLIQUES AURA LIEU

HOTEL DES COMMISSAIRES-PRISEURS
RUE DROUOT, 9, SALLE N° 4
Le Mardi 25 Mars 1890, à deux heures très précises.

COMMISSAIRES-PRISEURS

Me MONDET	**Me G. BOULLAND**
4, boulevard Sébastopol, 4.	26, rue Neuve-des-Petits-Champs, 26.

Assistés de

M. L. DUMONT	**M. S. MAYER**
Marchand d'estampes	Marchand d'estampes et objets d'art
53 *bis*, quai des Grands-Augustins, 53 *bis*.	5, rue Laffitte, 5.

Et **M. J. BOUILLON**, marchand d'estampes de la Bibliothèque nationale,
3, rue des Saints-Pères, 3.

IMPRIMERIE

D. DUMOULIN ET Cie, A PARIS.

CATALOGUE

DE GRAVURES

Vente après décès de M. Léopold Massard

ARTISTE GRAVEUR

CHEVALIER DE LA LÉGION D'HONNEUR

CATALOGUE

DE GRAVURES

ANCIENNES ET MODERNES

DESSINS ET TABLEAUX

ŒUVRES DE LÉOPOLD MASSARD

GRAVURES ENCADRÉES

Planches de cuivre gravées en cours de publication

AVEC ÉPREUVES EN NOMBRE

PLANCHES DE CUIVRE GRAVÉES NON PUBLIÉES

OBJETS D'ART, D'AMEUBLEMENT ET D'ATELIER

DONT LA VENTE AUX ENCHÈRES PUBLIQUES AURA LIEU

HOTEL DES COMMISSAIRES-PRISEURS

RUE DROUOT, 9, SALLE N° 4

Le Mardi 25 Mars 1890, à deux heures très précises.

COMMISSAIRES-PRISEURS

Mᵉ MONDET	Mᶜ G. BOULLAND
4, boulevard Sébastopol, 4.	26, rue Neuve-des-Petits-Champs, 26.

Assistés de

M. L. DUMONT	M. S. MAYER
Marchand d'estampes	Marchand d'estampes et objets d'art
53 *bis*, quai des Grands-Augustins, 53 *bis*.	5, rue Laffitte, 5.

Et M. J. BOUILLON, marchand d'estampes de la Bibliothèque nationale,
3, rue des Saints-Pères, 3.

CONDITIONS DE LA VENTE

Elle sera faite au comptant.

Les Acquéreurs payeront CINQ POUR CENT en sus des enchères applicables aux frais.

DÉSIGNATION

GRAVURES DIVERSES

ENCADRÉES ET EN FEUILLES

BALECHOU (J.-J.)

1 — Sainte Geneviève, d'après C. Vanloo.

BERVIC

2 — Louis XVI.

BONNAT

3 — Tobie et l'Ange.

Trois épreuves d'artiste.

CARON

4 — La Vierge, sainte Catherine et sainte Rose, d'après le Pérugin.

Epreuve d'artiste.

DELAUNAY ET **GAUCHEREL**

5 — Église Saint Pierre, de Caen. — D'Arromanches à Asnelles.

Deux pièces avec dédicaces.

DEMARTEAU

6 — Sujets gracieux, d'après Boucher.

Trois pièces.

EISEN (C.)

7 — Adresse de Magny, ingénieur pour l'horlogerie, in-4.

FRANÇOIS (A.)

8 — Le Couronnement de la Vierge et les miracles de saint Dominique, d'après Beato Angelico.

Epreuve avant la lettre, sur chine.

9 — Saint Symphorien, d'après Ingres.

Epreuve d'artiste, avec dédicace du graveur.

10 — Portrait de Monsieur Henriquel Dupont.

Epreuve d'artiste, sur chine.

GIRARDET (Paul)

11 — La Messe en Kabylie.

12 — Le Laboureur et ses enfants, d'après Girardet.

Epreuve d'artiste.

13 — Le Saltimbanque, d'après Knaus.

Epreuve sur chine.

GIRARDET (Ed.)

14 — Louis XIV et Molière, d'après Gerôme.

Epreuve d'artiste.

15 — Un Mariage espagnol, d'après Fortuny.

16 — Prise de voile.

Epreuve d'artiste.

HÉDOUIN

17 — Le Déjeuner champêtre, d'après Van Loo.

Epreuve d'artiste.

18 — Diane sortant du bain, d'après Boucher.

Epreuve d'artiste, sur chine, avec dédicace du graveur.

19 — Portraits d'hommes et de femmes. Cinq pièces.

Epreuves d'artiste.

HENRIQUEL-DUPONT et P. MERCURY

20 — Lord Strafford. — Jane Gray. Deux pièces, d'après Paul Delaroche.

MASSARD (J.)

21 — La plus belle des Mères.
Epreuve d'artiste.

22 — La Dame bienfaisante d'après Greuze.
Avant toutes lettres.

23 — La Vertu chancelante, d'après Greuze.

24 — Charles Ier et sa famille, d'après van Dyck.
Epreuve d'artiste.

MASSARD (J.-B.-R.-U.)

25 — L'Enlèvement des Sabines, d'après David.
Epreuve d'artiste.

26 — Louis XVIII, d'après Gérard.
Epreuve d'artiste, avant toutes lettres.

MASSARD (J.)

27 — Madame Vigée Le Brun et sa fille.
Epreuve de remarque.

MOREAU (J. M.)

28 — Le Festin royal.
Epreuve à l'état d'eau-forte.

29 — Le Sacre de Louis XVI.

PORPORATI

30 — Le Coucher, d'après Vanloo.
Epreuve avant toute lettre.

PRUDHOMME (H.)

31 — Les Enfants d'Edouard, d'après Paul Delaroche.

WARD (W.)

32 — Thoughts on Matrimony, d'après Smith.

Epreuve avec marge.

WATTEAU (d'après Ant.)

33 — Louis XIV mettant le cordon bleu à Monseigneur le
duc de Bourgogne.

Epreuve à l'état d'eau-forte.

Œuvres de M. Léopold Massard.

DESSINS

ENCADRÉS ET EN FEUILLES

34 — Tobie et l'Ange, d'après Bonnat.

35 — Le Christ, d'après Le Guide.

36 — Le Christ, d'après le Titien.

37 — La Naissance de la Vierge, d'après Murillo.

38 — Le Marché de Poissy.
Dessin aux trois crayons.

39 — Entrée des Bourguignons dans Paris.
Esquisse.

40 — Portraits de savants et de littérateurs, à la plume et au
crayon.

Quarante-cinq pièces.

41 — Portraits de Messieurs Fr. Coppée, Massard, compositeur de musique, Ecclésiastiques. — Le Barbier nègre, etc.

Dix-neuf pièces.

GRAVURES ENCADRÉES

42 — L'Ange et Tobie, d'après Bonnat.
Epreuve d'artiste.

43 — Job, d'après Bonnat.
Epreuve d'artiste.

44 — Le Christ, d'après Bonnat.
Epreuve d'artiste.

45 — Le Christ au roseau, d'après le Titien.

46 — La Naissance de la Vierge, d'après Murillo.

47 — L'Immaculée Conception, d'après Murillo.
Epreuve d'artiste, cadre sculpté Louis XIV.

48 — Saint Gérôme.

49 — Saint Vincent de Paul, d'après Bonnat.
Epreuve d'artiste.

50 — Jupiter et]Antiope.
Epreuve d'artiste.

51 — Jeune Veuve, d'après Greuze.
Epreuve d'artiste.

52 — Brune. — Blonde, d'après Hicks.
Deux pièces, épreuves d'artiste.

53 — Le Bagage de Croquemitaine, d'après Lobrichon.
Epreuve d'artiste.

54 — Le Barbier nègre.
Epreuve d'artiste.

55 — Portrait de M. Bonnat.
Epreuve d'artiste.

56 — Victor Hugo, d'après Bonnat.

Epreuve d'artiste.

57 — Portraits de J.-P. Laurens, — Hédouin.

Deux pièces. Epreuves d'artiste.

58 — Le Cardinal Lavigerie, d'après Bonnat.

Epreuve de remarque.

59 — Portrait du maréchal de Mac-Mahon.

Epreuve d'artiste.

60 — Portraits d'artistes, peintres, sculpteurs, etc.

Vingt-deux pièces en trois cadres.

61 — Portrait d'homme.

Epreuve d'artiste.

GRAVURES EN NOMBRE

62 — La Naissance de la Vierge, d'après Murillo.

Dix-huit épreuves.

63 — Le Cœur de Jésus. — Le Cœur de Marie. — Sainte Thé-
rèse.

Dix-huit épreuves avant et avec la lettre.

64 — Le Couronnement d'épines, d'après le Titien.

Six épreuves d'essai et d'artiste.

65 — Saint-Vincent de Paul prenant les fers d'un galérien,
d'après Bonnat.

Cinq épreuves d'essai et terminées.

66 — Caïn, d'après Lira.

Dix épreuves d'artiste et d'essai.

67 — Saint Jérôme.

Trois épreuves d'artiste.

68 — Jeune Veuve, d'après Greuze.

Trente-sept épreuves d'essai et d'artiste.
Trente-sept épreuves avant la lettre.

69 — Tête de Femme, d'après Greuze.

Vingt-sept épreuves d'artiste sur chine et sur blanc, dont quelques-unes d'essai.

70 — Brune. — Blonde. Deux pièces, d'après Hicke.

Six épreuves d'essai et d'artiste.

71 — Le Bagage de Croquemitaine, d'après Lobrichon.

Vingt épreuves d'essai et d'artiste.

72 — Les Cadeaux de Noël, d'après Lobrichon.

Huit épreuves d'essai et d'artiste.

73 — Sauvée ! d'après OErtel.

Deux épreuves d'artiste.

74 — La Pudeur, d'après Prudhon.

Sept épreuves d'essai et d'artiste.

75 — Trois Chiennes de Louis XIV, d'après Desportes.

Onze épreuves d'essai et d'artiste.

76 — Portrait de Béranger, d'après Sandoz.

Six épreuves d'artiste sur chine.

77 — Portrait de M. Bonnat, d'après lui-même.

Quatorze épreuves d'essai et d'artiste.

78 — Portrait de M. F. Coppée.

Vingt-neuf épreuves d'essai et d'artiste.

79 — Portrait de M. Frémy, chimiste.

Treize épreuves d'essai et d'artiste.

80 — Portrait de M. Hédouin.

Neuf épreuves d'essai et d'artiste.

81 — Victor Hugo, d'après Bonnat.

Sept épreuves d'essai.
Trente-trois épreuves d'artiste sur chine et sur blanc.
Cinquante-neuf épreuves avec la lettre.
Cinq épreuves d'artiste signées du peintre, du graveur et de V. Hugo.

82 — Portrait de M. J.-P. Laurens.

Neuf épreuves d'essai et d'artiste.

83 — Le Cardinal Lavigerie, d'après Bonnat (petit format).

Trois épreuves d'essai et d'artiste.

84 — Le Maréchal de Mac-Mahon à cheval, d'après Prince-
teau.

Dix épreuves d'artiste et d'essai.

85 — Mademoiselle Rachel, quatre portraits différents.

Vingt et une épreuves d'artiste.

86 — Portrait de M. Thiers, d'après Bonnat.

Onze épreuves d'essai et d'artiste.

87 — Portrait de M. Thiers.

Cinq épreuves d'artiste.

88 — Portrait d'enfant, d'après Bastien-Lepage.

Trois épreuves d'essai et d'artiste.

89 — Portrait d'une Dame anglaise, d'après Lavrence.

Sept épreuves d'essai et d'artiste.

90 — Portraits de peintres et de sculpteurs, pour illustrer le
livre de M. Claretie, dont les noms suivent : Barye, —
Baudry, — Bonnat, — Carpeaux, — Léon Cognet, —
Corot, — Courbet, — Couture, — Daubigny, — Daumier,
— Detaille, — Diaz, — G. Doré, — P. Dubois, — J. Dupré,
— Falguières, — Fromentin, — Gérôme, — Hamon, —
Henner, — Ch. Jacque, — J.-P. Laurens, — Lefebvre, —
Leloir, — Meissonier, — Millet, — Pils, — Préault, —
H. Regnault, — Tassaert, — Vollon, etc., etc.

Cent quatre-vingt-dix-neuf épreuves d'artiste, de trente-cinq portraits
différents.

91 — Portrait d'homme.

Quatre épreuves d'artiste.

92 — Portraits de personnages du xviiie siècle, d'après Van Loo
et divers.

Trente pièces, épreuves d'artiste.

93 — Portraits de Femmes, d'après Staal et divers.

Vingt-cinq pièces, épreuves d'essai et d'artiste.

94 — Portraits d'Hommes.

Cinquante-huit pièces, épreuves d'essai et d'artiste.

95 — Portraits d'Ecclésiastiques.

Trente-neuf pièces, épreuves d'artiste et d'essai.

96 — Portraits de Femmes, lithographies.

Quinze pièces.

97 — Portraits d'Hommes, lithographies.

Vingt-neuf pièces.

98 — Portraits d'Ecclésiastiques, lithographies.

Quarante-cinq pièces.

99 — Vignettes pour les Chansons de Béranger, d'après Sandoz et de Lemud.

Quatre pièces, épreuves d'artiste.

100 — Vignettes pour la Bible, d'après Bida.

Quatorze pièces, épreuves d'artiste.

101 — Vignettes pour Catalogues.

Soixante-quatre pièces, épreuves d'essai et d'artiste.

101 bis. — Bagage de Croquemitaine. Trois épreuves d'artiste, dont deux d'essai.

Le Christ, d'après Bonnat. Deux épreuves d'artiste, dont une d'essai.

Le Barbier nègre, d'après Bonnat. Deux épreuves d'artiste, dont une d'essai.

Victor Hugo, d'après Bonnat. Deux épreuves d'artiste, dont une d'essai.

Le cardinal Lavigerie, d'après Bonnat. Deux épreuves d'artiste, dont une d'essai.

Job, d'après Bonnat. Quatre épreuves d'essai.

Lutte de Tobie et l'Ange. Deux épreuves d'artiste, dont une d'essai.

Monsieur de Lesseps, d'après Bonnat. Une épreuve d'artiste.

Monsieur Thiers, d'après Bonnat. Trois épreuves d'artiste, dont deux d'essai.

Monsieur Bonnat. Deux épreuves d'artiste, dont une d'essai.

Rachel. Quatre portraits différents.

Saint Vincent de Paul prenant les fers d'un galérien, d'après Bonnat. Trois épreuves, dont deux d'essai et une d'artiste, avec une note de M. Bonnat.

PLANCHES DE CUIVRE

EN COURS DE PUBLICATION

102 — Le Barbier nègre, d'après Bonnat.

Haut., 37 cent.; larg., 27 cent.

Quarante et une épreuves d'essai et d'artiste sur chine.
Soixante-trois épreuves sur chine.

103 — Le Christ en Croix, d'après Bonnat.

Haut., 48 cent.; larg., 34 cent.

Quatre-vingt et une épreuves d'artiste sur chine.
Trente-huit épreuves avant lettres sur chine.
Dix épreuves sur chine.
Vingt-sept épreuves sur blanc.
Quatorze épreuves d'essai et terminées.

PLANCHES DE CUIVRE

NON PUBLIÉES

104 — Le Cardinal de Lavigerie, d'après Bonnat.

Haut., 43 cent.; larg., 33 cent.

Six épreuves d'essai et terminées.

105 — Jupiter et Antiope, d'après le Corrège.

Haut., 47 cent.; larg., 32 cent.

Trente-deux épreuves d'essai et terminées.

106 — Job, d'après Bonnat.

Haut., 41 cent.; larg., 35 cent.

Huit épreuves d'essai et terminées.

107 — L'Ange et Tobie, d'après Bonnat.

Haut., 50 cent.; larg., 33 cent.

Vingt épreuves d'essai et terminées.

108 — Portrait de M. de Lesseps, d'après Bonnat.

Haut., 37 cent.; larg., 26 cent.

Six épreuves d'essai et terminées.

109 — Portrait de M. Massard, compositeur de musique.

Haut., 29 cent.; larg., 20 cent.

110 — Portrait de M. Bonnat à mi-corps.

Haut., 31 cent.; larg., 23 cent.

111 — Matelottes attendant le débarquement du hareng, par et d'après Massard.

Haut., 21 cent.; larg., 35 cent.

112 — Les Confitures, deux pendants.

Haut., 40 cent.; larg., 32 cent.

113 — *Divers.* Le Pape Léon XIII. — Le duc, — La duchesse de Montpensier. — Jupiter et Antiope, etc.

OBJETS DIVERS

114 — Cabaret dit cabaret chinois, en porcelaine à enveloppe réticulée ; ce cabaret se compose d'un plateau à angles lobés, d'une théière, d'un pot à crème, d'un sucrier et de deux tasses avec leurs soucoupes ; fond blanc, filets or.

Manufacture nationale de Sèvres, — Fabrication et décoration de 1878.

115 — Une pendule et deux candélabres en bronze.

116 — Deux grands vases, fond bleu lapis (manufacture nationale de Sèvres).

117 — Plats et assiettes anciennes. — Vases de Chine.

118 — Groupe biscuit.

119 — Un Incroyable (terre cuite).

120 — Bijoux. — Argenterie. — Pendules. — Bronzes.

121 — Une petite commode Louis XIII avec incrustations d'ivoire.

122 — Fontaine en bois sculpté et étain.

123 — Cadres en bois sculpté.

124 — Meubles en bois sculpté. — Table. — Bureau. — Chaises. — Objets divers.

125 — Objets d'atelier. — Chevalets. — Plâtres.

126 — Costumes de Racinet. — Le Livre d'or du Salon. — Romans, etc.

127 — *Sous ce numéro, il sera vendu quatre portefeuilles de gravures et dessins anciens, gravures encadrées, tableaux et objets divers.*

Imprimerie D. Dumoulin et Cie, à Paris.